If found, please return
My Little Black Cocktail Book to:

_____

_____

_____

Published by G&G Press in 2017
First edition; First printing

Design and writing Copyright © 2017 Veronica Gutierrez
Design layout by Beatriz Mojarro

All rights reserved. No part of this book may be reproduced or transmitted in any form, or by any means, including, but not limited to, information storage and retrieval systems, electronic, mechanical, photocopy, recording, etc. without written permission from the copyright holder.

ISBN 978-0-9989175-0-4

*To all those bartenders
who enjoy the craft and
share it with their customers.
Thank you!
Cheers*

My Little Black Cocktail Book

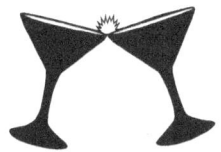

My friends ask where I learned to make the cocktails I offer at my home bar. I tell them I do "research." Lots of research.

But scribbled notes on cocktail napkins don't make for good recollection.

Finally, here is a convenient, pocket-sized book with prompts to capture all the best of your favorite cocktails.

¡Salud!

V. Gutiérrez

Cocktail

Bar/Source: _____

City/Site: _____

How to make it:

Glass: ❏ Cocktail ❏ Collins ❏ Coupe
❏ Highball ❏ Flute ❏ Pint
❏ Other ❏ Chilled

Ice: ❏ Large ❏ Medium
❏ Crushed ❏ Cracked

Prep: ❏ Muddle _____
❏ Shake ❏ Stir ❏ Blend

_____**Garnish/Rim**

Special Instructions: _____
_____
_____
_____

My Little Black Cocktail Book

Ingredients/Substitutes:

____ oz/ml _____
____ oz/ml _____
____ oz/ml _____
____ oz/ml _____
____ oz/ml _____
____ oz/ml _____
____ oz/ml _____
____ tsp/g _____
____ tsp/g _____
____ dash(es) _____
____ dash(es) _____
____ _____
____ _____
____ _____
____ _____
____ _____
____ _____

(1 oz=30 ml; tsp=5 g)

My Little Black Cocktail Book

Cocktail

Bar/Source: _____

City/Site: _____

How to make it:

Glass:
- ❏ Cocktail
- ❏ Collins
- ❏ Coupe
- ❏ Highball
- ❏ Flute
- ❏ Pint
- ❏ Other
- ❏ Chilled

Ice:
- ❏ Large
- ❏ Medium
- ❏ Crushed
- ❏ Cracked

Prep:
- ❏ Muddle _____
- ❏ Shake
- ❏ Stir
- ❏ Blend

_____ **Garnish/Rim**

Special Instructions: _____

_____

_____

_____

My Little Black Cocktail Book

Ingredients/Substitutes:

____ oz/ml _____
____ oz/ml _____
____ oz/ml _____
____ oz/ml _____
____ oz/ml _____
____ oz/ml _____
____ oz/ml _____
____ tsp/g _____
____ tsp/g _____
____ dash(es) _____
____ dash(es) _____
____ _____
____ _____
____ _____
____ _____
____ _____
____ _____

(1 oz=30 ml; tsp=5 g)

My Little Black Cocktail Book

Cocktail

Bar/Source: _____

City/Site: _____

How to make it:

Glass:
- ❏ Cocktail
- ❏ Collins
- ❏ Coupe
- ❏ Highball
- ❏ Flute
- ❏ Pint
- ❏ Other
- ❏ Chilled

Ice:
- ❏ Large
- ❏ Medium
- ❏ Crushed
- ❏ Cracked

Prep:
- ❏ Muddle _____
- ❏ Shake
- ❏ Stir
- ❏ Blend

_____ **Garnish/Rim**

Special Instructions: _____

_____

_____

_____

My Little Black Cocktail Book

Ingredients/Substitutes:

____ oz/ml _____
____ oz/ml _____
____ oz/ml _____
____ oz/ml _____
____ oz/ml _____
____ oz/ml _____
____ oz/ml _____
____ tsp/g _____
____ tsp/g _____
____ dash(es) _____
____ dash(es) _____
____ _____
____ _____
____ _____
____ _____
____ _____
____ _____

(1 oz=30 ml; tsp=5 g)

My Little Black Cocktail Book

Cocktail

Bar/Source: _____

City/Site: _____

How to make it:

Glass:
- ❏ Cocktail
- ❏ Collins
- ❏ Coupe
- ❏ Highball
- ❏ Flute
- ❏ Pint
- ❏ Other
- ❏ Chilled

Ice:
- ❏ Large
- ❏ Medium
- ❏ Crushed
- ❏ Cracked

Prep:
- ❏ Muddle _____
- ❏ Shake
- ❏ Stir
- ❏ Blend

_____ Garnish/Rim

Special Instructions: _____
_____
_____
_____

My Little Black Cocktail Book

Ingredients/Substitutes:

____ oz/ml _____
____ oz/ml _____
____ oz/ml _____
____ oz/ml _____
____ oz/ml _____
____ oz/ml _____
____ oz/ml _____
____ tsp/g _____
____ tsp/g _____
____ dash(es) _____
____ dash(es) _____
____ _____
____ _____
____ _____
____ _____
____ _____
____ _____

(1 oz=30 ml; tsp=5 g)

My Little Black Cocktail Book

Cocktail

Bar/Source: _____

City/Site: _____

How to make it:

Glass:
- ❏ Cocktail
- ❏ Collins
- ❏ Coupe
- ❏ Highball
- ❏ Flute
- ❏ Pint
- ❏ Other
- ❏ Chilled

Ice:
- ❏ Large
- ❏ Medium
- ❏ Crushed
- ❏ Cracked

Prep:
- ❏ Muddle _____
- ❏ Shake
- ❏ Stir
- ❏ Blend

_____**Garnish/Rim**

Special Instructions: _____
_____
_____
_____

My Little Black Cocktail Book

Ingredients/Substitutes:

____ oz/ml _____
____ oz/ml _____
____ oz/ml _____
____ oz/ml _____
____ oz/ml _____
____ oz/ml _____
____ oz/ml _____
____ tsp/g _____
____ tsp/g _____
____ dash(es) _____
____ dash(es) _____
____ _____
____ _____
____ _____
____ _____
____ _____
____ _____

(1 oz=30 ml; tsp=5 g)

My Little Black Cocktail Book

Cocktail

Bar/Source: _____

City/Site: _____

How to make it:

Glass:
- ❏ Cocktail
- ❏ Collins
- ❏ Coupe
- ❏ Highball
- ❏ Flute
- ❏ Pint
- ❏ Other
- ❏ Chilled

Ice:
- ❏ Large
- ❏ Medium
- ❏ Crushed
- ❏ Cracked

Prep:
- ❏ Muddle _____
- ❏ Shake
- ❏ Stir
- ❏ Blend

_____ **Garnish/Rim**

Special Instructions: _____

_____

_____

_____

My Little Black Cocktail Book

Ingredients/Substitutes:

___ oz/ml _____
___ oz/ml _____
___ oz/ml _____
___ oz/ml _____
___ oz/ml _____
___ oz/ml _____
___ oz/ml _____
___ tsp/g _____
___ tsp/g _____
___ dash(es) _____
___ dash(es) _____
___ _____
___ _____
___ _____
___ _____
___ _____
___ _____

(1 oz=30 ml; tsp=5 g)

My Little Black Cocktail Book

Cocktail

Bar/Source: _____

City/Site: _____

How to make it:

Glass:
- ❏ Cocktail
- ❏ Collins
- ❏ Coupe
- ❏ Highball
- ❏ Flute
- ❏ Pint
- ❏ Other
- ❏ Chilled

Ice:
- ❏ Large
- ❏ Medium
- ❏ Crushed
- ❏ Cracked

Prep:
- ❏ Muddle _____
- ❏ Shake
- ❏ Stir
- ❏ Blend

_____ **Garnish/Rim**

Special Instructions: _____
_____
_____
_____

My Little Black Cocktail Book

Ingredients/Substitutes:

___ oz/ml _____
___ oz/ml _____
___ oz/ml _____
___ oz/ml _____
___ oz/ml _____
___ oz/ml _____
___ oz/ml _____
___ tsp/g _____
___ tsp/g _____
___ dash(es) _____
___ dash(es) _____
___ _____
___ _____
___ _____
___ _____
___ _____
___ _____

(1 oz=30 ml; tsp=5 g)

My Little Black Cocktail Book

Cocktail

Bar/Source: _____

City/Site: _____

How to make it:

Glass: ❏ Cocktail ❏ Collins ❏ Coupe
❏ Highball ❏ Flute ❏ Pint
❏ Other ❏ Chilled

Ice: ❏ Large ❏ Medium
❏ Crushed ❏ Cracked

Prep: ❏ Muddle _____
❏ Shake ❏ Stir ❏ Blend

_____**Garnish/Rim**

Special Instructions: _____

_____

_____

_____

My Little Black Cocktail Book

Ingredients/Substitutes:

____ oz/ml _____
____ oz/ml _____
____ oz/ml _____
____ oz/ml _____
____ oz/ml _____
____ oz/ml _____
____ oz/ml _____
____ tsp/g _____
____ tsp/g _____
____ dash(es) _____
____ dash(es) _____
____ _____
____ _____
____ _____
____ _____
____ _____
____ _____

(1 oz=30 ml; tsp=5 g)

My Little Black Cocktail Book

Cocktail

Bar/Source: _____

City/Site: _____

How to make it:

Glass:	❏ Cocktail	❏ Collins	❏ Coupe
	❏ Highball	❏ Flute	❏ Pint
	❏ Other		❏ Chilled
Ice:	❏ Large	❏ Medium	
	❏ Crushed	❏ Cracked	
Prep:	❏ Muddle _____		
	❏ Shake	❏ Stir	❏ Blend

_____**Garnish/Rim**

Special Instructions: _____

_____

_____

_____

My Little Black Cocktail Book

Ingredients/Substitutes:

____ oz/ml _____
____ oz/ml _____
____ oz/ml _____
____ oz/ml _____
____ oz/ml _____
____ oz/ml _____
____ oz/ml _____
____ tsp/g _____
____ tsp/g _____
____ dash(es) _____
____ dash(es) _____
____ _____
____ _____
____ _____
____ _____
____ _____
____ _____

(1 oz=30 ml; tsp=5 g)

My Little Black Cocktail Book

Cocktail

Bar/Source: _____

City/Site: _____

How to make it:

Glass:
- ❏ Cocktail
- ❏ Collins
- ❏ Coupe
- ❏ Highball
- ❏ Flute
- ❏ Pint
- ❏ Other
- ❏ Chilled

Ice:
- ❏ Large
- ❏ Medium
- ❏ Crushed
- ❏ Cracked

Prep:
- ❏ Muddle _____
- ❏ Shake
- ❏ Stir
- ❏ Blend

_____ **Garnish/Rim**

Special Instructions: _____

_____

_____

_____

My Little Black Cocktail Book

Ingredients/Substitutes:

____ oz/ml _____
____ oz/ml _____
____ oz/ml _____
____ oz/ml _____
____ oz/ml _____
____ oz/ml _____
____ oz/ml _____
____ tsp/g _____
____ tsp/g _____
____ dash(es) _____
____ dash(es) _____
____ _____
____ _____
____ _____
____ _____
____ _____
____ _____

(1 oz=30 ml; tsp=5 g)

My Little Black Cocktail Book

Cocktail

Bar/Source: _____

City/Site: _____

How to make it:

Glass:
- ❏ Cocktail
- ❏ Collins
- ❏ Coupe
- ❏ Highball
- ❏ Flute
- ❏ Pint
- ❏ Other
- ❏ Chilled

Ice:
- ❏ Large
- ❏ Medium
- ❏ Crushed
- ❏ Cracked

Prep:
- ❏ Muddle _____
- ❏ Shake
- ❏ Stir
- ❏ Blend

_____ **Garnish/Rim**

Special Instructions: _____
_____
_____
_____

My Little Black Cocktail Book

Ingredients/Substitutes:

___ oz/ml _____
___ oz/ml _____
___ oz/ml _____
___ oz/ml _____
___ oz/ml _____
___ oz/ml _____
___ oz/ml _____
___ tsp/g _____
___ tsp/g _____
___ dash(es) _____
___ dash(es) _____
___ _____
___ _____
___ _____
___ _____
___ _____
___ _____

(1 oz=30 ml; tsp=5 g)

My Little Black Cocktail Book

Cocktail

Bar/Source: _____

City/Site: _____

How to make it:

Glass:
- ❏ Cocktail
- ❏ Collins
- ❏ Coupe
- ❏ Highball
- ❏ Flute
- ❏ Pint
- ❏ Other
- ❏ Chilled

Ice:
- ❏ Large
- ❏ Medium
- ❏ Crushed
- ❏ Cracked

Prep:
- ❏ Muddle _____
- ❏ Shake
- ❏ Stir
- ❏ Blend

_____ **Garnish/Rim**

Special Instructions: _____
_____
_____
_____

My Little Black Cocktail Book

Ingredients/Substitutes:

____ oz/ml _____
____ oz/ml _____
____ oz/ml _____
____ oz/ml _____
____ oz/ml _____
____ oz/ml _____
____ oz/ml _____
____ tsp/g _____
____ tsp/g _____
____ dash(es) _____
____ dash(es) _____
____ _____
____ _____
____ _____
____ _____
____ _____
____ _____

(1 oz=30 ml; tsp=5 g)

My Little Black Cocktail Book

Cocktail

Bar/Source: _____

City/Site: _____

How to make it:

Glass:
- ❏ Cocktail
- ❏ Collins
- ❏ Coupe
- ❏ Highball
- ❏ Flute
- ❏ Pint
- ❏ Other
- ❏ Chilled

Ice:
- ❏ Large
- ❏ Medium
- ❏ Crushed
- ❏ Cracked

Prep:
- ❏ Muddle _____
- ❏ Shake
- ❏ Stir
- ❏ Blend

_____**Garnish/Rim**

Special Instructions: _____
_____
_____
_____

My Little Black Cocktail Book

Ingredients/Substitutes:

____ oz/ml _____
____ oz/ml _____
____ oz/ml _____
____ oz/ml _____
____ oz/ml _____
____ oz/ml _____
____ oz/ml _____
____ tsp/g _____
____ tsp/g _____
____ dash(es) _____
____ dash(es) _____
____ _____
____ _____
____ _____
____ _____
____ _____
____ _____

(1 oz=30 ml; tsp=5 g)

My Little Black Cocktail Book

Cocktail

Bar/Source: _____

City/Site: _____

How to make it:

Glass: ❏ Cocktail ❏ Collins ❏ Coupe
❏ Highball ❏ Flute ❏ Pint
❏ Other ❏ Chilled

Ice: ❏ Large ❏ Medium
❏ Crushed ❏ Cracked

Prep: ❏ Muddle _____
❏ Shake ❏ Stir ❏ Blend

_____**Garnish/Rim**

Special Instructions: _____
_____
_____
_____

My Little Black Cocktail Book

Ingredients/Substitutes:

____ oz/ml _____
____ oz/ml _____
____ oz/ml _____
____ oz/ml _____
____ oz/ml _____
____ oz/ml _____
____ oz/ml _____
____ tsp/g _____
____ tsp/g _____
____ dash(es) _____
____ dash(es) _____
____ _____
____ _____
____ _____
____ _____
____ _____
____ _____

(1 oz=30 ml; tsp=5 g)

My Little Black Cocktail Book

Cocktail

Bar/Source: _____

City/Site: _____

How to make it:

Glass:
- ❏ Cocktail
- ❏ Collins
- ❏ Coupe
- ❏ Highball
- ❏ Flute
- ❏ Pint
- ❏ Other
- ❏ Chilled

Ice:
- ❏ Large
- ❏ Medium
- ❏ Crushed
- ❏ Cracked

Prep:
- ❏ Muddle _____
- ❏ Shake
- ❏ Stir
- ❏ Blend

_____**Garnish/Rim**

Special Instructions: _____

_____

_____

_____

My Little Black Cocktail Book

Ingredients/Substitutes:

____ oz/ml _____
____ oz/ml _____
____ oz/ml _____
____ oz/ml _____
____ oz/ml _____
____ oz/ml _____
____ oz/ml _____
____ tsp/g _____
____ tsp/g _____
____ dash(es) _____
____ dash(es) _____
____ _____
____ _____
____ _____
____ _____
____ _____
____ _____

(1 oz=30 ml; tsp=5 g)

My Little Black Cocktail Book

Cocktail

Bar/Source: _____

City/Site: _____

How to make it:

Glass:
- ❏ Cocktail
- ❏ Collins
- ❏ Coupe
- ❏ Highball
- ❏ Flute
- ❏ Pint
- ❏ Other
- ❏ Chilled

Ice:
- ❏ Large
- ❏ Medium
- ❏ Crushed
- ❏ Cracked

Prep:
- ❏ Muddle _____
- ❏ Shake
- ❏ Stir
- ❏ Blend

_____ **Garnish/Rim**

Special Instructions: _____

_____

_____

_____

My Little Black Cocktail Book

Ingredients/Substitutes:

____ oz/ml _____
____ oz/ml _____
____ oz/ml _____
____ oz/ml _____
____ oz/ml _____
____ oz/ml _____
____ oz/ml _____
____ tsp/g _____
____ tsp/g _____
____ dash(es) _____
____ dash(es) _____
____ _____
____ _____
____ _____
____ _____
____ _____
____ _____

(1 oz=30 ml; tsp=5 g)

My Little Black Cocktail Book

Cocktail

Bar/Source: _____

City/Site: _____

How to make it:

Glass:
- ❏ Cocktail
- ❏ Collins
- ❏ Coupe
- ❏ Highball
- ❏ Flute
- ❏ Pint
- ❏ Other
- ❏ Chilled

Ice:
- ❏ Large
- ❏ Medium
- ❏ Crushed
- ❏ Cracked

Prep:
- ❏ Muddle _____
- ❏ Shake
- ❏ Stir
- ❏ Blend

_____**Garnish/Rim**

Special Instructions: _____
_____
_____
_____

My Little Black Cocktail Book

Ingredients/Substitutes:

___ oz/ml _____
___ oz/ml _____
___ oz/ml _____
___ oz/ml _____
___ oz/ml _____
___ oz/ml _____
___ oz/ml _____
___ tsp/g _____
___ tsp/g _____
___ dash(es) _____
___ dash(es) _____
___ _____
___ _____
___ _____
___ _____
___ _____
___ _____

(1 oz=30 ml; tsp=5 g)

My Little Black Cocktail Book

Cocktail

Bar/Source: _____

City/Site: _____

How to make it:

Glass: ❏ Cocktail ❏ Collins ❏ Coupe
❏ Highball ❏ Flute ❏ Pint
❏ Other ❏ Chilled

Ice: ❏ Large ❏ Medium
❏ Crushed ❏ Cracked

Prep: ❏ Muddle _____
❏ Shake ❏ Stir ❏ Blend

_____**Garnish/Rim**

Special Instructions: _____
_____
_____
_____

My Little Black Cocktail Book

Ingredients/Substitutes:

____ oz/ml _____
____ oz/ml _____
____ oz/ml _____
____ oz/ml _____
____ oz/ml _____
____ oz/ml _____
____ oz/ml _____
____ tsp/g _____
____ tsp/g _____
____ dash(es) _____
____ dash(es) _____
____ _____
____ _____
____ _____
____ _____
____ _____
____ _____

(1 oz=30 ml; tsp=5 g)

My Little Black Cocktail Book

Cocktail

Bar/Source: _____

City/Site: _____

How to make it:

Glass:
- ❏ Cocktail
- ❏ Collins
- ❏ Coupe
- ❏ Highball
- ❏ Flute
- ❏ Pint
- ❏ Other
- ❏ Chilled

Ice:
- ❏ Large
- ❏ Medium
- ❏ Crushed
- ❏ Cracked

Prep:
- ❏ Muddle _____
- ❏ Shake
- ❏ Stir
- ❏ Blend

_____ **Garnish/Rim**

Special Instructions: _____
_____
_____
_____

My Little Black Cocktail Book

Ingredients/Substitutes:

____ oz/ml _____
____ oz/ml _____
____ oz/ml _____
____ oz/ml _____
____ oz/ml _____
____ oz/ml _____
____ oz/ml _____
____ tsp/g _____
____ tsp/g _____
____ dash(es) _____
____ dash(es) _____
____ _____
____ _____
____ _____
____ _____
____ _____
____ _____

(1 oz=30 ml; tsp=5 g)

My Little Black Cocktail Book

Cocktail

Bar/Source: _____

City/Site: _____

How to make it:

Glass:	❏ Cocktail	❏ Collins	❏ Coupe
	❏ Highball	❏ Flute	❏ Pint
	❏ Other		❏ Chilled

Ice: ❏ Large   ❏ Medium
         ❏ Crushed ❏ Cracked

Prep: ❏ Muddle _____
         ❏ Shake   ❏ Stir   ❏ Blend

_____**Garnish/Rim**

Special Instructions: _____
_____
_____
_____

My Little Black Cocktail Book

Ingredients/Substitutes:

____ oz/ml _____
____ oz/ml _____
____ oz/ml _____
____ oz/ml _____
____ oz/ml _____
____ oz/ml _____
____ oz/ml _____
____ tsp/g _____
____ tsp/g _____
____ dash(es) _____
____ dash(es) _____
____ _____
____ _____
____ _____
____ _____
____ _____
____ _____

(1 oz=30 ml; tsp=5 g)

My Little Black Cocktail Book

Cocktail

Bar/Source: _____

City/Site: _____

How to make it:

Glass:
- ❏ Cocktail
- ❏ Collins
- ❏ Coupe
- ❏ Highball
- ❏ Flute
- ❏ Pint
- ❏ Other
- ❏ Chilled

Ice:
- ❏ Large
- ❏ Medium
- ❏ Crushed
- ❏ Cracked

Prep:
- ❏ Muddle _____
- ❏ Shake
- ❏ Stir
- ❏ Blend

_____ **Garnish/Rim**

Special Instructions: _____

_____

_____

_____

My Little Black Cocktail Book

Ingredients/Substitutes:

____ oz/ml _____
____ oz/ml _____
____ oz/ml _____
____ oz/ml _____
____ oz/ml _____
____ oz/ml _____
____ oz/ml _____
____ tsp/g _____
____ tsp/g _____
____ dash(es) _____
____ dash(es) _____
____ _____
____ _____
____ _____
____ _____
____ _____
____ _____

(1 oz=30 ml; tsp=5 g)

My Little Black Cocktail Book

Cocktail

Bar/Source: _____

City/Site: _____

How to make it:

Glass:
- ❏ Cocktail
- ❏ Collins
- ❏ Coupe
- ❏ Highball
- ❏ Flute
- ❏ Pint
- ❏ Other
- ❏ Chilled

Ice:
- ❏ Large
- ❏ Medium
- ❏ Crushed
- ❏ Cracked

Prep:
- ❏ Muddle _____
- ❏ Shake
- ❏ Stir
- ❏ Blend

_____ **Garnish/Rim**

Special Instructions: _____
_____
_____
_____

My Little Black Cocktail Book

Ingredients/Substitutes:

____ oz/ml _____
____ oz/ml _____
____ oz/ml _____
____ oz/ml _____
____ oz/ml _____
____ oz/ml _____
____ oz/ml _____
____ tsp/g _____
____ tsp/g _____
____ dash(es) _____
____ dash(es) _____
____ _____
____ _____
____ _____
____ _____
____ _____
____ _____

(1 oz=30 ml; tsp=5 g)

My Little Black Cocktail Book

Cocktail

Bar/Source: _____

City/Site: _____

How to make it:

Glass:
- ❏ Cocktail
- ❏ Collins
- ❏ Coupe
- ❏ Highball
- ❏ Flute
- ❏ Pint
- ❏ Other
- ❏ Chilled

Ice:
- ❏ Large
- ❏ Medium
- ❏ Crushed
- ❏ Cracked

Prep:
- ❏ Muddle _____
- ❏ Shake
- ❏ Stir
- ❏ Blend

_____**Garnish/Rim**

Special Instructions: _____
_____
_____
_____

My Little Black Cocktail Book

Ingredients/Substitutes:

____ oz/ml _____
____ oz/ml _____
____ oz/ml _____
____ oz/ml _____
____ oz/ml _____
____ oz/ml _____
____ oz/ml _____
____ tsp/g _____
____ tsp/g _____
____ dash(es) _____
____ dash(es) _____
____ _____
____ _____
____ _____
____ _____
____ _____
____ _____

(1 oz=30 ml; tsp=5 g)

My Little Black Cocktail Book

Cocktail

Bar/Source: _____

City/Site: _____

How to make it:

Glass:
- ❏ Cocktail
- ❏ Collins
- ❏ Coupe
- ❏ Highball
- ❏ Flute
- ❏ Pint
- ❏ Other
- ❏ Chilled

Ice:
- ❏ Large
- ❏ Medium
- ❏ Crushed
- ❏ Cracked

Prep:
- ❏ Muddle _____
- ❏ Shake
- ❏ Stir
- ❏ Blend

_____**Garnish/Rim**

Special Instructions: _____
_____
_____
_____

My Little Black Cocktail Book

Ingredients/Substitutes:

____ oz/ml _____
____ oz/ml _____
____ oz/ml _____
____ oz/ml _____
____ oz/ml _____
____ oz/ml _____
____ oz/ml _____
____ tsp/g _____
____ tsp/g _____
____ dash(es) _____
____ dash(es) _____
____ _____
____ _____
____ _____
____ _____
____ _____
____ _____

(1 oz=30 ml; tsp=5 g)

My Little Black Cocktail Book

Cocktail

Bar/Source: _____

City/Site: _____

How to make it:

Glass:
- ❏ Cocktail
- ❏ Collins
- ❏ Coupe
- ❏ Highball
- ❏ Flute
- ❏ Pint
- ❏ Other
- ❏ Chilled

Ice:
- ❏ Large
- ❏ Medium
- ❏ Crushed
- ❏ Cracked

Prep:
- ❏ Muddle _____
- ❏ Shake
- ❏ Stir
- ❏ Blend

_____ **Garnish/Rim**

Special Instructions: _____
_____
_____
_____

My Little Black Cocktail Book

Ingredients/Substitutes:

____ oz/ml _____
____ oz/ml _____
____ oz/ml _____
____ oz/ml _____
____ oz/ml _____
____ oz/ml _____
____ oz/ml _____
____ tsp/g _____
____ tsp/g _____
____ dash(es) _____
____ dash(es) _____
____ _____
____ _____
____ _____
____ _____
____ _____
____ _____

(1 oz=30 ml; tsp=5 g)

My Little Black Cocktail Book

Cocktail

Bar/Source: _____

City/Site: _____

How to make it:

Glass:	❏ Cocktail	❏ Collins	❏ Coupe
	❏ Highball	❏ Flute	❏ Pint
	❏ Other		❏ Chilled
Ice:	❏ Large	❏ Medium	
	❏ Crushed	❏ Cracked	
Prep:	❏ Muddle _____		
	❏ Shake	❏ Stir	❏ Blend

_____**Garnish/Rim**

Special Instructions: _____
_____
_____
_____

My Little Black Cocktail Book

Ingredients/Substitutes:

___ oz/ml _____
___ oz/ml _____
___ oz/ml _____
___ oz/ml _____
___ oz/ml _____
___ oz/ml _____
___ oz/ml _____
___ tsp/g _____
___ tsp/g _____
___ dash(es) _____
___ dash(es) _____
___ _____
___ _____
___ _____
___ _____
___ _____
___ _____

(1 oz=30 ml; tsp=5 g)

My Little Black Cocktail Book

Cocktail

Bar/Source: _____

City/Site: _____

How to make it:

Glass:
- ❏ Cocktail
- ❏ Collins
- ❏ Coupe
- ❏ Highball
- ❏ Flute
- ❏ Pint
- ❏ Other
- ❏ Chilled

Ice:
- ❏ Large
- ❏ Medium
- ❏ Crushed
- ❏ Cracked

Prep:
- ❏ Muddle _____
- ❏ Shake
- ❏ Stir
- ❏ Blend

_____**Garnish/Rim**

Special Instructions: _____

_____

_____

_____

My Little Black Cocktail Book

Ingredients/Substitutes:

____ oz/ml _____
____ oz/ml _____
____ oz/ml _____
____ oz/ml _____
____ oz/ml _____
____ oz/ml _____
____ oz/ml _____
____ tsp/g _____
____ tsp/g _____
____ dash(es) _____
____ dash(es) _____
____ _____
____ _____
____ _____
____ _____
____ _____
____ _____

(1 oz=30 ml; tsp=5 g)

My Little Black Cocktail Book

Cocktail

Bar/Source: _____

City/Site: _____

How to make it:

Glass:
- ❏ Cocktail
- ❏ Collins
- ❏ Coupe
- ❏ Highball
- ❏ Flute
- ❏ Pint
- ❏ Other
- ❏ Chilled

Ice:
- ❏ Large
- ❏ Medium
- ❏ Crushed
- ❏ Cracked

Prep:
- ❏ Muddle _____
- ❏ Shake
- ❏ Stir
- ❏ Blend

_____ **Garnish/Rim**

Special Instructions: _____
_____
_____
_____

My Little Black Cocktail Book

Ingredients/Substitutes:

____ oz/ml _____
____ oz/ml _____
____ oz/ml _____
____ oz/ml _____
____ oz/ml _____
____ oz/ml _____
____ oz/ml _____
____ tsp/g _____
____ tsp/g _____
____ dash(es) _____
____ dash(es) _____
____ _____
____ _____
____ _____
____ _____
____ _____
____ _____

(1 oz=30 ml; tsp=5 g)

My Little Black Cocktail Book

Cocktail

Bar/Source: _____

City/Site: _____

How to make it:

Glass:	❏ Cocktail	❏ Collins	❏ Coupe
	❏ Highball	❏ Flute	❏ Pint
	❏ Other		❏ Chilled

Ice:	❏ Large	❏ Medium
	❏ Crushed	❏ Cracked

Prep: ❏ Muddle _____
  ❏ Shake ❏ Stir ❏ Blend

_____**Garnish/Rim**

Special Instructions: _____
_____
_____
_____

My Little Black Cocktail Book

Ingredients/Substitutes:

___ oz/ml _____
___ oz/ml _____
___ oz/ml _____
___ oz/ml _____
___ oz/ml _____
___ oz/ml _____
___ oz/ml _____
___ tsp/g _____
___ tsp/g _____
___ dash(es) _____
___ dash(es) _____
___ _____
___ _____
___ _____
___ _____
___ _____
___ _____

(1 oz=30 ml; tsp=5 g)

My Little Black Cocktail Book

Cocktail

Bar/Source: _____

City/Site: _____

How to make it:

Glass:
- ❏ Cocktail
- ❏ Collins
- ❏ Coupe
- ❏ Highball
- ❏ Flute
- ❏ Pint
- ❏ Other
- ❏ Chilled

Ice:
- ❏ Large
- ❏ Medium
- ❏ Crushed
- ❏ Cracked

Prep:
- ❏ Muddle _____
- ❏ Shake
- ❏ Stir
- ❏ Blend

_____ **Garnish/Rim**

Special Instructions: _____
_____
_____
_____

My Little Black Cocktail Book

Ingredients/Substitutes:

____ oz/ml _____
____ oz/ml _____
____ oz/ml _____
____ oz/ml _____
____ oz/ml _____
____ oz/ml _____
____ oz/ml _____
____ tsp/g _____
____ tsp/g _____
____ dash(es) _____
____ dash(es) _____
____ _____
____ _____
____ _____
____ _____
____ _____
____ _____

(1 oz=30 ml; tsp=5 g)

My Little Black Cocktail Book

Cocktail

Bar/Source: _____

City/Site: _____

How to make it:

Glass:
- ❏ Cocktail
- ❏ Collins
- ❏ Coupe
- ❏ Highball
- ❏ Flute
- ❏ Pint
- ❏ Other
- ❏ Chilled

Ice:
- ❏ Large
- ❏ Medium
- ❏ Crushed
- ❏ Cracked

Prep:
- ❏ Muddle _____
- ❏ Shake
- ❏ Stir
- ❏ Blend

_____ **Garnish/Rim**

Special Instructions: _____
_____
_____
_____

My Little Black Cocktail Book

Ingredients/Substitutes:

____ oz/ml _____
____ oz/ml _____
____ oz/ml _____
____ oz/ml _____
____ oz/ml _____
____ oz/ml _____
____ oz/ml _____
____ tsp/g _____
____ tsp/g _____
____ dash(es) _____
____ dash(es) _____
____ _____
____ _____
____ _____
____ _____
____ _____
____ _____

(1 oz=30 ml; tsp=5 g)

My Little Black Cocktail Book

Cocktail

Bar/Source: _____

City/Site: _____

How to make it:

Glass:	❏ Cocktail	❏ Collins	❏ Coupe
	❏ Highball	❏ Flute	❏ Pint
	❏ Other		❏ Chilled

Ice: ❏ Large ❏ Medium
❏ Crushed ❏ Cracked

Prep: ❏ Muddle _____
❏ Shake ❏ Stir ❏ Blend

_____**Garnish/Rim**

Special Instructions: _____
_____
_____
_____

My Little Black Cocktail Book

Ingredients/Substitutes:

____ oz/ml _____
____ oz/ml _____
____ oz/ml _____
____ oz/ml _____
____ oz/ml _____
____ oz/ml _____
____ oz/ml _____
____ tsp/g _____
____ tsp/g _____
____ dash(es) _____
____ dash(es) _____
____ _____
____ _____
____ _____
____ _____
____ _____
____ _____

(1 oz=30 ml; tsp=5 g)

My Little Black Cocktail Book

Cocktail

Bar/Source: _____

City/Site: _____

How to make it:

Glass:
- ❏ Cocktail ❏ Collins ❏ Coupe
- ❏ Highball ❏ Flute ❏ Pint
- ❏ Other ❏ Chilled

Ice:
- ❏ Large ❏ Medium
- ❏ Crushed ❏ Cracked

Prep:
- ❏ Muddle _____
- ❏ Shake ❏ Stir ❏ Blend

_____**Garnish/Rim**

Special Instructions: _____

_____

_____

_____

My Little Black Cocktail Book

Ingredients/Substitutes:

____ oz/ml _____
____ oz/ml _____
____ oz/ml _____
____ oz/ml _____
____ oz/ml _____
____ oz/ml _____
____ oz/ml _____
____ tsp/g _____
____ tsp/g _____
____ dash(es) _____
____ dash(es) _____
____ _____
____ _____
____ _____
____ _____
____ _____
____ _____

(1 oz=30 ml; tsp=5 g)

My Little Black Cocktail Book

Cocktail

Bar/Source: _____

City/Site: _____

How to make it:

Glass:
- ❏ Cocktail
- ❏ Collins
- ❏ Coupe
- ❏ Highball
- ❏ Flute
- ❏ Pint
- ❏ Other
- ❏ Chilled

Ice:
- ❏ Large
- ❏ Medium
- ❏ Crushed
- ❏ Cracked

Prep:
- ❏ Muddle _____
- ❏ Shake
- ❏ Stir
- ❏ Blend

_____ **Garnish/Rim**

Special Instructions: _____

_____

_____

_____

My Little Black Cocktail Book

Ingredients/Substitutes:

_____ oz/ml _____
_____ oz/ml _____
_____ oz/ml _____
_____ oz/ml _____
_____ oz/ml _____
_____ oz/ml _____
_____ oz/ml _____
_____ tsp/g _____
_____ tsp/g _____
_____ dash(es) _____
_____ dash(es) _____
_____ _____
_____ _____
_____ _____
_____ _____
_____ _____
_____ _____

(1 oz=30 ml; tsp=5 g)

My Little Black Cocktail Book

Cocktail

Bar/Source: _____

City/Site: _____

How to make it:

Glass:	❏ Cocktail	❏ Collins	❏ Coupe
	❏ Highball	❏ Flute	❏ Pint
	❏ Other		❏ Chilled

Ice:	❏ Large	❏ Medium
	❏ Crushed	❏ Cracked

Prep:	❏ Muddle _____
	❏ Shake ❏ Stir ❏ Blend

_____**Garnish/Rim**

Special Instructions: _____

_____

_____

_____

My Little Black Cocktail Book

Ingredients/Substitutes:

____ oz/ml _____
____ oz/ml _____
____ oz/ml _____
____ oz/ml _____
____ oz/ml _____
____ oz/ml _____
____ oz/ml _____
____ tsp/g _____
____ tsp/g _____
____ dash(es) _____
____ dash(es) _____
____ _____
____ _____
____ _____
____ _____
____ _____
____ _____

(1 oz=30 ml; tsp=5 g)

My Little Black Cocktail Book

Cocktail

Bar/Source: _____

City/Site: _____

How to make it:

Glass: ❏ Cocktail ❏ Collins ❏ Coupe
❏ Highball ❏ Flute ❏ Pint
❏ Other ❏ Chilled

Ice: ❏ Large ❏ Medium
❏ Crushed ❏ Cracked

Prep: ❏ Muddle _____
❏ Shake ❏ Stir ❏ Blend

_____**Garnish/Rim**

Special Instructions: _____

_____

_____

_____

My Little Black Cocktail Book

Ingredients/Substitutes:

____ oz/ml _____
____ oz/ml _____
____ oz/ml _____
____ oz/ml _____
____ oz/ml _____
____ oz/ml _____
____ oz/ml _____
____ tsp/g _____
____ tsp/g _____
____ dash(es) _____
____ dash(es) _____
____ _____
____ _____
____ _____
____ _____
____ _____
____ _____

(1 oz=30 ml; tsp=5 g)

My Little Black Cocktail Book

Cocktail

Bar/Source: _____

City/Site: _____

How to make it:

Glass:
- ❏ Cocktail
- ❏ Collins
- ❏ Coupe
- ❏ Highball
- ❏ Flute
- ❏ Pint
- ❏ Other
- ❏ Chilled

Ice:
- ❏ Large
- ❏ Medium
- ❏ Crushed
- ❏ Cracked

Prep:
- ❏ Muddle _____
- ❏ Shake
- ❏ Stir
- ❏ Blend

_____ **Garnish/Rim**

Special Instructions: _____
_____
_____
_____

My Little Black Cocktail Book

Ingredients/Substitutes:

____ oz/ml _____
____ oz/ml _____
____ oz/ml _____
____ oz/ml _____
____ oz/ml _____
____ oz/ml _____
____ oz/ml _____
____ tsp/g _____
____ tsp/g _____
____ dash(es) _____
____ dash(es) _____
____ _____
____ _____
____ _____
____ _____
____ _____
____ _____

(1 oz=30 ml; tsp=5 g)

My Little Black Cocktail Book

Cocktail

Bar/Source: _____

City/Site: _____

How to make it:

Glass:
- ❏ Cocktail
- ❏ Collins
- ❏ Coupe
- ❏ Highball
- ❏ Flute
- ❏ Pint
- ❏ Other
- ❏ Chilled

Ice:
- ❏ Large
- ❏ Medium
- ❏ Crushed
- ❏ Cracked

Prep:
- ❏ Muddle _____
- ❏ Shake
- ❏ Stir
- ❏ Blend

_____**Garnish/Rim**

Special Instructions: _____
_____
_____
_____

My Little Black Cocktail Book

Ingredients/Substitutes:

____ oz/ml _____
____ oz/ml _____
____ oz/ml _____
____ oz/ml _____
____ oz/ml _____
____ oz/ml _____
____ oz/ml _____
____ tsp/g _____
____ tsp/g _____
____ dash(es) _____
____ dash(es) _____
____ _____
____ _____
____ _____
____ _____
____ _____
____ _____

(1 oz=30 ml; tsp=5 g)

My Little Black Cocktail Book

Cocktail

Bar/Source: _____

City/Site: _____

How to make it:

Glass:
- ❏ Cocktail
- ❏ Collins
- ❏ Coupe
- ❏ Highball
- ❏ Flute
- ❏ Pint
- ❏ Other
- ❏ Chilled

Ice:
- ❏ Large
- ❏ Medium
- ❏ Crushed
- ❏ Cracked

Prep:
- ❏ Muddle _____
- ❏ Shake
- ❏ Stir
- ❏ Blend

_____ **Garnish/Rim**

Special Instructions: _____

_____

_____

_____

My Little Black Cocktail Book

Ingredients/Substitutes:

___ oz/ml _____
___ oz/ml _____
___ oz/ml _____
___ oz/ml _____
___ oz/ml _____
___ oz/ml _____
___ oz/ml _____
___ tsp/g _____
___ tsp/g _____
___ dash(es) _____
___ dash(es) _____
___ _____
___ _____
___ _____
___ _____
___ _____
___ _____

(1 oz=30 ml; tsp=5 g)

My Little Black Cocktail Book

Cocktail

Bar/Source: _____

City/Site: _____

How to make it:

Glass:
- ❏ Cocktail
- ❏ Collins
- ❏ Coupe
- ❏ Highball
- ❏ Flute
- ❏ Pint
- ❏ Other
- ❏ Chilled

Ice:
- ❏ Large
- ❏ Medium
- ❏ Crushed
- ❏ Cracked

Prep:
- ❏ Muddle _____
- ❏ Shake
- ❏ Stir
- ❏ Blend

_____ **Garnish/Rim**

Special Instructions: _____

_____

_____

_____

My Little Black Cocktail Book

Ingredients/Substitutes:

____ oz/ml _____
____ oz/ml _____
____ oz/ml _____
____ oz/ml _____
____ oz/ml _____
____ oz/ml _____
____ oz/ml _____
____ tsp/g _____
____ tsp/g _____
____ dash(es) _____
____ dash(es) _____
____ _____
____ _____
____ _____
____ _____
____ _____
____ _____

(1 oz=30 ml; tsp=5 g)

My Little Black Cocktail Book

Cocktail

Bar/Source: _____

City/Site: _____

How to make it:

Glass:	☐ Cocktail	☐ Collins	☐ Coupe
	☐ Highball	☐ Flute	☐ Pint
	☐ Other		☐ Chilled

Ice:	☐ Large	☐ Medium
	☐ Crushed	☐ Cracked

Prep:	☐ Muddle _____		
	☐ Shake	☐ Stir	☐ Blend

_____**Garnish/Rim**

Special Instructions: _____

_____

_____

_____

My Little Black Cocktail Book

Ingredients/Substitutes:

____ oz/ml _____
____ oz/ml _____
____ oz/ml _____
____ oz/ml _____
____ oz/ml _____
____ oz/ml _____
____ oz/ml _____
____ tsp/g _____
____ tsp/g _____
____ dash(es) _____
____ dash(es) _____
____ _____
____ _____
____ _____
____ _____
____ _____
____ _____

(1 oz=30 ml; tsp=5 g)

My Little Black Cocktail Book

Cocktail

Bar/Source: _____

City/Site: _____

How to make it:

Glass:	❏ Cocktail	❏ Collins	❏ Coupe
	❏ Highball	❏ Flute	❏ Pint
	❏ Other		❏ Chilled

Ice:	❏ Large	❏ Medium
	❏ Crushed	❏ Cracked

Prep:	❏ Muddle _____		
	❏ Shake	❏ Stir	❏ Blend

_____**Garnish/Rim**

Special Instructions: _____
_____
_____
_____

My Little Black Cocktail Book

Ingredients/Substitutes:

____ oz/ml _____
____ oz/ml _____
____ oz/ml _____
____ oz/ml _____
____ oz/ml _____
____ oz/ml _____
____ oz/ml _____
____ tsp/g _____
____ tsp/g _____
____ dash(es) _____
____ dash(es) _____
____ _____
____ _____
____ _____
____ _____
____ _____
____ _____

(1 oz=30 ml; tsp=5 g)

My Little Black Cocktail Book

Cocktail

Bar/Source: _____

City/Site: _____

How to make it:

Glass:
- ❏ Cocktail
- ❏ Collins
- ❏ Coupe
- ❏ Highball
- ❏ Flute
- ❏ Pint
- ❏ Other
- ❏ Chilled

Ice:
- ❏ Large
- ❏ Medium
- ❏ Crushed
- ❏ Cracked

Prep:
- ❏ Muddle _____
- ❏ Shake
- ❏ Stir
- ❏ Blend

_____ **Garnish/Rim**

Special Instructions: _____
_____
_____
_____

My Little Black Cocktail Book

Ingredients/Substitutes:

____ oz/ml _____
____ oz/ml _____
____ oz/ml _____
____ oz/ml _____
____ oz/ml _____
____ oz/ml _____
____ oz/ml _____
____ tsp/g _____
____ tsp/g _____
____ dash(es) _____
____ dash(es) _____
____ _____
____ _____
____ _____
____ _____
____ _____
____ _____

(1 oz=30 ml; tsp=5 g)

My Little Black Cocktail Book

Cocktail

Bar/Source: _____

City/Site: _____

How to make it:

Glass: ❏ Cocktail ❏ Collins ❏ Coupe
❏ Highball ❏ Flute ❏ Pint
❏ Other ❏ Chilled

Ice: ❏ Large ❏ Medium
❏ Crushed ❏ Cracked

Prep: ❏ Muddle _____
❏ Shake ❏ Stir ❏ Blend

_____**Garnish/Rim**

Special Instructions: _____
_____
_____
_____

My Little Black Cocktail Book

Ingredients/Substitutes:

_____ oz/ml _____
_____ oz/ml _____
_____ oz/ml _____
_____ oz/ml _____
_____ oz/ml _____
_____ oz/ml _____
_____ oz/ml _____
_____ tsp/g _____
_____ tsp/g _____
_____ dash(es) _____
_____ dash(es) _____
_____ _____
_____ _____
_____ _____
_____ _____
_____ _____
_____ _____

(1 oz=30 ml; tsp=5 g)

My Little Black Cocktail Book

Cocktail

Bar/Source: _____

City/Site: _____

How to make it:

Glass:
- ❏ Cocktail ❏ Collins ❏ Coupe
- ❏ Highball ❏ Flute   ❏ Pint
- ❏ Other   ❏ Chilled

Ice:
- ❏ Large   ❏ Medium
- ❏ Crushed ❏ Cracked

Prep:
- ❏ Muddle _____
- ❏ Shake   ❏ Stir   ❏ Blend

_____**Garnish/Rim**

Special Instructions: _____

_____

_____

_____

My Little Black Cocktail Book

Ingredients/Substitutes:

___ oz/ml _____
___ oz/ml _____
___ oz/ml _____
___ oz/ml _____
___ oz/ml _____
___ oz/ml _____
___ oz/ml _____
___ tsp/g _____
___ tsp/g _____
___ dash(es) _____
___ dash(es) _____
___ _____
___ _____
___ _____
___ _____
___ _____
___ _____

(1 oz=30 ml; tsp=5 g)

My Little Black Cocktail Book

Cocktail

Bar/Source: _____

City/Site: _____

How to make it:

Glass:
- ❏ Cocktail
- ❏ Collins
- ❏ Coupe
- ❏ Highball
- ❏ Flute
- ❏ Pint
- ❏ Other
- ❏ Chilled

Ice:
- ❏ Large
- ❏ Medium
- ❏ Crushed
- ❏ Cracked

Prep:
- ❏ Muddle _____
- ❏ Shake
- ❏ Stir
- ❏ Blend

_____**Garnish/Rim**

Special Instructions: _____
_____
_____
_____

My Little Black Cocktail Book

Ingredients/Substitutes:

____ oz/ml _____
____ oz/ml _____
____ oz/ml _____
____ oz/ml _____
____ oz/ml _____
____ oz/ml _____
____ oz/ml _____
____ tsp/g _____
____ tsp/g _____
____ dash(es) _____
____ dash(es) _____
____ _____
____ _____
____ _____
____ _____
____ _____
____ _____

(1 oz=30 ml; tsp=5 g)

My Little Black Cocktail Book

Cocktail

Bar/Source: _____

City/Site: _____

How to make it:

Glass:
- ❏ Cocktail
- ❏ Collins
- ❏ Coupe
- ❏ Highball
- ❏ Flute
- ❏ Pint
- ❏ Other
- ❏ Chilled

Ice:
- ❏ Large
- ❏ Medium
- ❏ Crushed
- ❏ Cracked

Prep:
- ❏ Muddle _____
- ❏ Shake
- ❏ Stir
- ❏ Blend

_____ **Garnish/Rim**

Special Instructions: _____
_____
_____
_____

My Little Black Cocktail Book

Ingredients/Substitutes:

____ oz/ml _____
____ oz/ml _____
____ oz/ml _____
____ oz/ml _____
____ oz/ml _____
____ oz/ml _____
____ oz/ml _____
____ tsp/g _____
____ tsp/g _____
____ dash(es) _____
____ dash(es) _____
____ _____
____ _____
____ _____
____ _____
____ _____
____ _____

(1 oz=30 ml; tsp=5 g)

My Little Black Cocktail Book

Cocktail

Bar/Source: _____

City/Site: _____

How to make it:

Glass:
- ❏ Cocktail
- ❏ Collins
- ❏ Coupe
- ❏ Highball
- ❏ Flute
- ❏ Pint
- ❏ Other
- ❏ Chilled

Ice:
- ❏ Large
- ❏ Medium
- ❏ Crushed
- ❏ Cracked

Prep:
- ❏ Muddle _____
- ❏ Shake
- ❏ Stir
- ❏ Blend

_____ **Garnish/Rim**

Special Instructions: _____

_____

_____

_____

My Little Black Cocktail Book

Ingredients/Substitutes:

____ oz/ml _____
____ oz/ml _____
____ oz/ml _____
____ oz/ml _____
____ oz/ml _____
____ oz/ml _____
____ oz/ml _____
____ tsp/g _____
____ tsp/g _____
____ dash(es) _____
____ dash(es) _____
____ _____
____ _____
____ _____
____ _____
____ _____
____ _____

(1 oz=30 ml; tsp=5 g)

My Little Black Cocktail Book

Cocktail

Bar/Source: _____

City/Site: _____

How to make it:

Glass:
- ❏ Cocktail
- ❏ Collins
- ❏ Coupe
- ❏ Highball
- ❏ Flute
- ❏ Pint
- ❏ Other
- ❏ Chilled

Ice:
- ❏ Large
- ❏ Medium
- ❏ Crushed
- ❏ Cracked

Prep:
- ❏ Muddle _____
- ❏ Shake
- ❏ Stir
- ❏ Blend

_____ **Garnish/Rim**

Special Instructions: _____
_____
_____
_____

My Little Black Cocktail Book

Ingredients/Substitutes:

____ oz/ml _____
____ oz/ml _____
____ oz/ml _____
____ oz/ml _____
____ oz/ml _____
____ oz/ml _____
____ oz/ml _____
____ tsp/g _____
____ tsp/g _____
____ dash(es) _____
____ dash(es) _____
____ _____
____ _____
____ _____
____ _____
____ _____
____ _____

(1 oz=30 ml; tsp=5 g)

My Little Black Cocktail Book

Cocktail

Bar/Source: _____

City/Site: _____

How to make it:

Glass:	❏ Cocktail	❏ Collins	❏ Coupe
	❏ Highball	❏ Flute	❏ Pint
	❏ Other		❏ Chilled

Ice:	❏ Large	❏ Medium
	❏ Crushed	❏ Cracked

Prep:	❏ Muddle _____		
	❏ Shake	❏ Stir	❏ Blend

_____**Garnish/Rim**

Special Instructions: _____

_____

_____

_____

My Little Black Cocktail Book

Ingredients/Substitutes:

____ oz/ml _____
____ oz/ml _____
____ oz/ml _____
____ oz/ml _____
____ oz/ml _____
____ oz/ml _____
____ oz/ml _____
____ tsp/g _____
____ tsp/g _____
____ dash(es) _____
____ dash(es) _____
____ _____
____ _____
____ _____
____ _____
____ _____
____ _____

(1 oz=30 ml; tsp=5 g)

My Little Black Cocktail Book

Notes

Notes

www.ingramcontent.com/pod-product-compliance
Lightning Source LLC
Chambersburg PA
CBHW021132300426
44113CB00006B/397